Impressum
Verlag: BABADADA GmbH, Nedderfeld 112 , 22529 Hamburg
Geschäftsführer / Verlagsleitung: Harald Hof
Druck: Books on Demand GmbH, In de Tarpen 42, 22848 Norderstedt

Imprint
Publisher: BABADADA GmbH, Nedderfeld 112 , 22529 Hamburg, Germany
Managing Director / Publishing direction: Harald Hof
Print: Books on Demand GmbH, In de Tarpen 42, 22848 Norderstedt, Germany

ښوونځی
escola

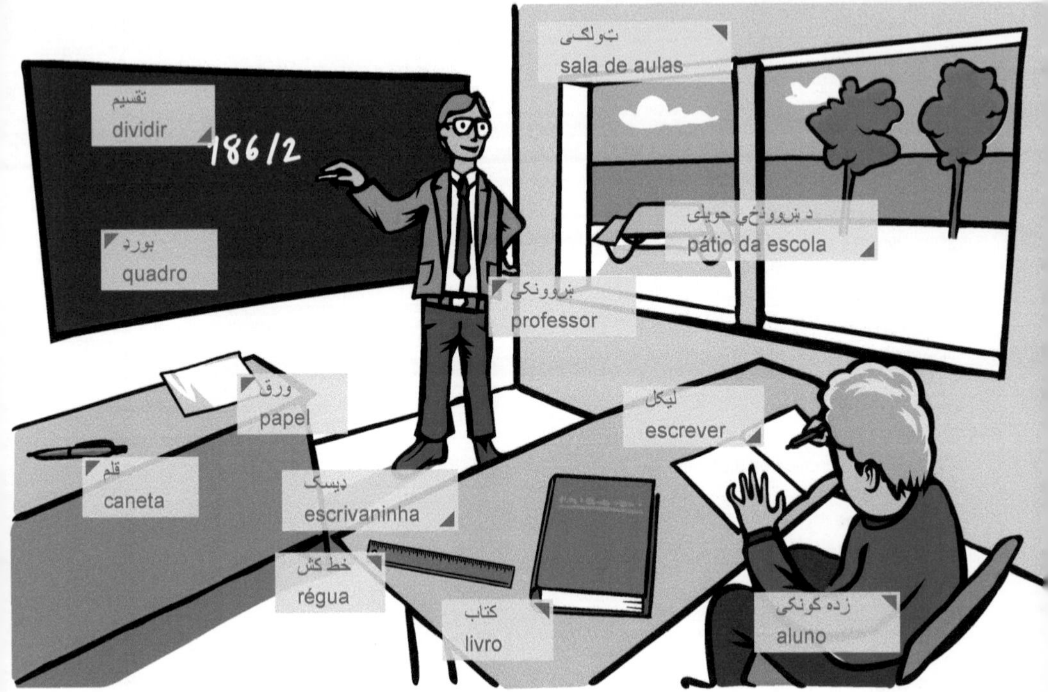

تقسیم
dividir
186/2
بورډ
quadro
ټولګی
sala de aulas
د ښوونځي حویلی
pátio da escola
ښوونکی
professor
ورق
papel
لیکل
escrever
قلم
caneta
ډیسک
escrivaninha
خط کش
régua
کتاب
livro
زده کونکی
aluno

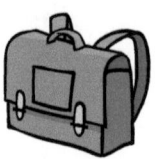

کڅوړه

sacola

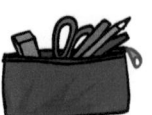

د پنسل بکسه

estojo de lápis

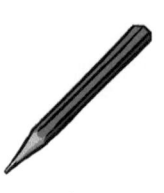

پنسل

lápis

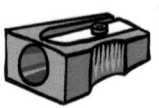

پنسل تراش

apontador de lápis

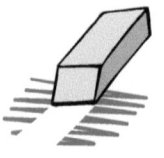

ربړ

borracha

د رسامی پاڼه

bloco de desenho

رسامي

desenho

د نقاشی برس

pincel

د نقاشی بکس

estojo de tintas

قیچی

tesoura

سریښ

cola

د تمرین کتاب

livro de exercícios

کورنی دنده

lição de casa

12

 شمیر

número

2+2

جمع

somar

5-2

منفي

subtrair

2×2

ضرب

multiplicar

حساب

calcular

A

توری

letra

ABCDEFG HIJKLMN OPQRSTU VWXYZ

الفبا

alfabeto

hello

کلمه

palavra

متن
....
texto

لوستل
....
ler

تباشیر
....
giz

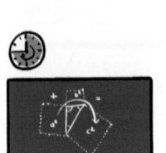

درس
....
hora

راجستر
....
registro da classe

ازموینه
....
exame

تصدیق پاڼه
....
certificado

د ښوونځي یونیفارم
....
uniforme escolar

تعلیم
....
educação

دایره المعارف
....
enciclopédia

پوهنتون
....
universidade

مایکروسکوپ
....
microscópio

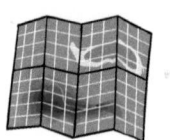

نقشه
....
mapa

اشغالدانی
....
cesto de lixo

سفر
viagem

هوټل
hotel
Grand
لیلیه
albergue
ROOMS
CHANGE
د اسعارو د تبادلې دفتر
casa de câmbio
بکس
mala
موټر
carro

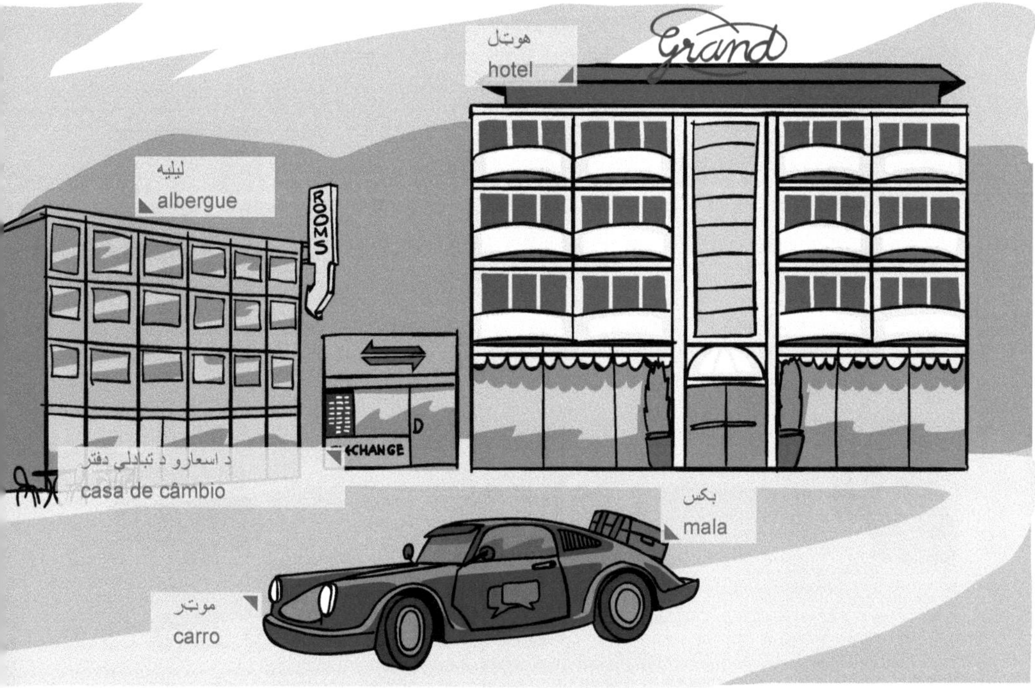

ژبه

idioma

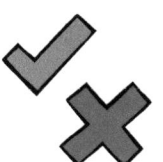

هو/نه

sim / não

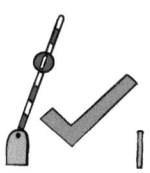

سمه ده

ok

سلام

Olá

ژباړونکی

tradutor

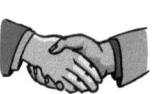

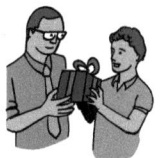

مننه

obrigado

څومره دي...؟

quanto custa...?

زه نه پوهیږم

eu não entendo

ستونزه

problema

ماښام مو پخیر!

boa noite!

سهار په خیر!

Bom dia!

شپه په خیر!

Boa noite!

په مخه مو ښه

até logo

لاربنود

direção

سامان

bagagem

بیگ

bolsa

شاتنی بکس

mochila

میلمه

convidado

خونه

quarto

د خوب کڅوړه

saco de dormir

خیمه

barraca

د توریزم معلومات

informação turística

ساحل

praia

کریدیت کارت

cartão de crédito

ناری

café da manhã

د غرمی خواړه

almoço

د شپی خواړه

jantar

نټیکټ

bilhete

لفټ

elevador

مهر

selo

پوله

fronteira

کمرک

alfândega

سفارت

embaixada

ویزه

visto

پاسپورت

passaporte

transporte

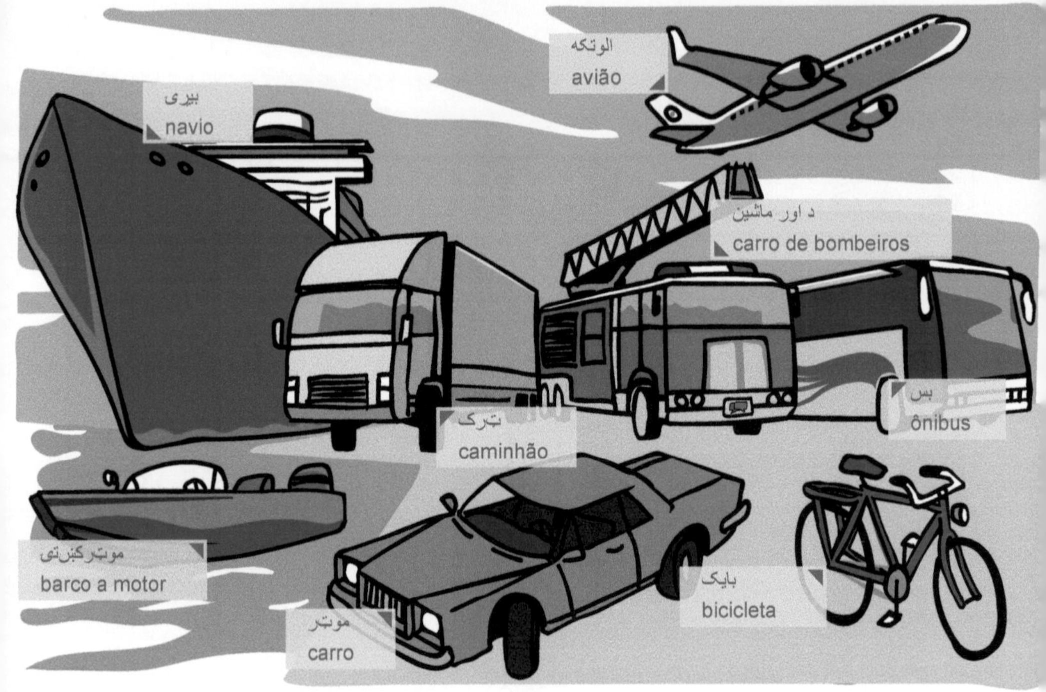
الوتکه
avião
بېړۍ
navio
د اور ماشین
carro de bombeiros
بس
ônibus
ټرک
caminhão
موټرکښتۍ
barco a motor
بایک
bicicleta
موټر
carro

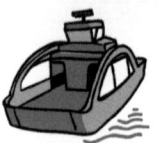

کښتۍ
....
balsa

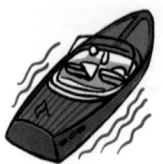

کښتۍ
....
barco

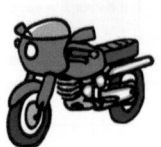

موټرسایکل
....
motocicleta

د پولیسو موټر
....
veículo policial

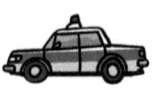

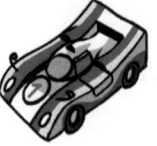

د ریس موټر
....
carro de corrida

کرایی موټر
....
carro de aluguel

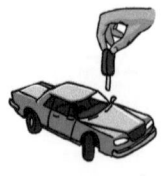

د کرایه موټری

compartilhamento de automóvel

جرثقیل لرونکی ټرک

caminhão de reboque

ریفیوز ټرک

caminhão de lixo

موټر

motor

سونګ توکي

combustível

پټرول سټیشن

posto de gasolina

ترافیکي نښه

placa de trânsito

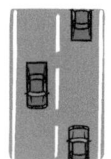

ترافیک

trânsito

جام ترافیک

trânsito lento

د موټرو تمځای

estacionamento

د ریل سټیشن

estação de trem

پاټکي

trilhos

ریل

trem

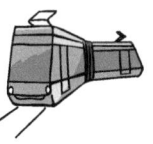

ټرام

bonde

واګون

vagão

چورلکه
....
helicóptero

هوايي ډګر
....
aeroporto

برج
....
torre

مسافر
....
passageiro

کانتينر
....
contêiner

کارتون
....
cartolina

کارت
....
carroça

ټوکرۍ
....
cesto

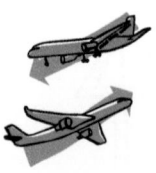

الوتنه کول/کښېناستل
....
decolar / pousar

cidade

کلی
....
vilarejo

د ښار مرکز
....
centro da cidade

کور
....
casa

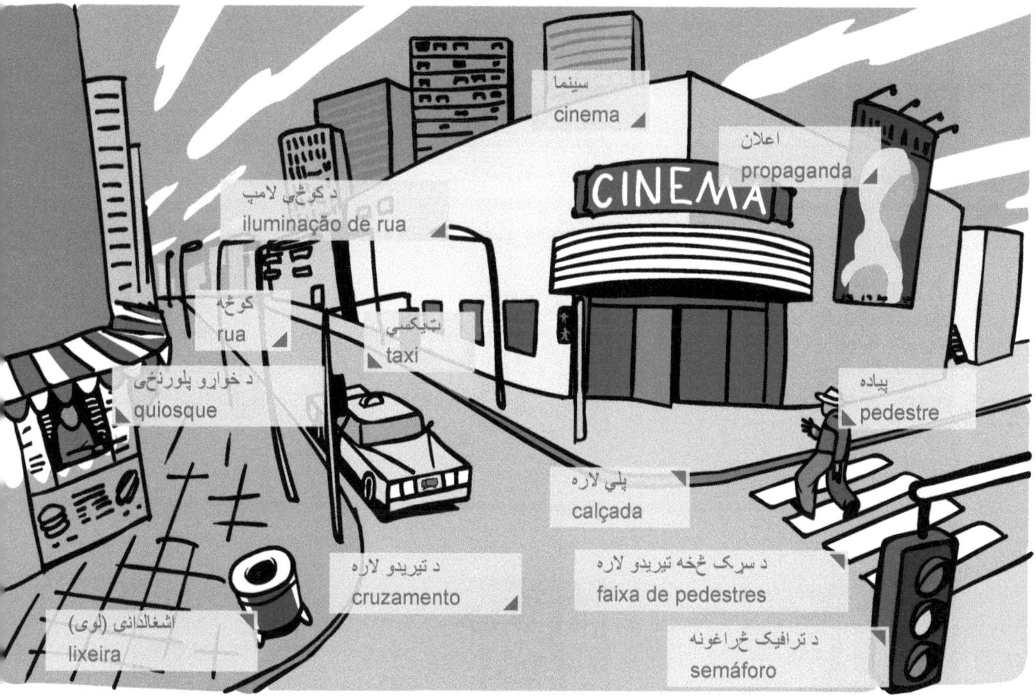

سینما
cinema
اعلان
propaganda
CINEMA
د کوڅې لامپ
iluminação de rua
کوڅه
rua
ټیکسي
taxi
د خوارو پلورنځی
quiosque
پیاده
pedestre
پلي لاره
calçada
د تیریدو لاره
cruzamento
د سرک څخه تیریدو لاره
faixa de pedestres
اشغالدانی (لوی)
lixeira
د ترافیک څراغونه
semáforo

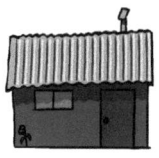

کوډله

cabana

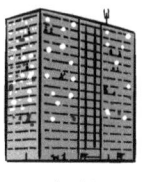

اپارتمان

apartamento

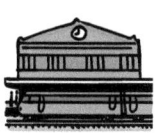

د ریل سټیشن

estação de trem

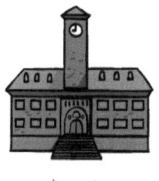

ټاون هال

prefeitura

MUSEUM

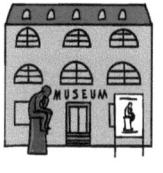

میوزیم

museu

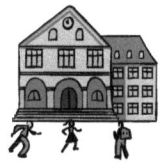

ښوونځی

escola

پوهنتون

universidade

بانک

banco

روغتون

hospital

هوتل

hotel

درملتون

farmácia

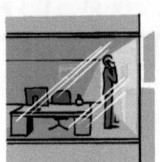

دفتر

escritório

کتاب پلورنځی

livraria

پلورنځی

loja

د گلانو پلورنځی

floricultura

لوی پلورنځی

supermercado

مارکیت

mercado

د دیپارتمنټ سټور

loja de departamentos

کب پلورنځی

peixaria

د پلور مرکز

centro comercial

لنگرتون

porto

پارک

parque

بينچ

banco

پل

ponte

زینه

escadas

د خُمکي لاندي

metrô

تونل

túnel

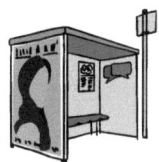

بس تمځای

ponto de ônibus

بار

bar

ریستورانت

restaurante

پوست بکس

caixa de correspondência

د کوڅي نښه

placa de rua

د پارک کولو میټر

parquímetro

ژوبڼ

zoológico

د لامبو حوض

piscina

مسجد

mesquita

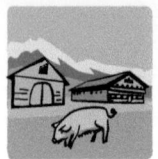

کروندە

fazenda

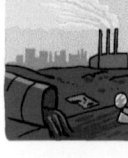

ناپاکي

poluição

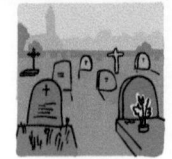

هدیره

cemitério

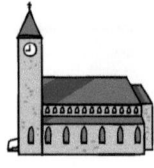

چرچ

igreja

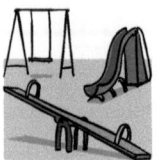

د لوبو ډګر

parquinho

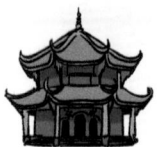

معبد/کلیسا

templo

منظره

paisagem

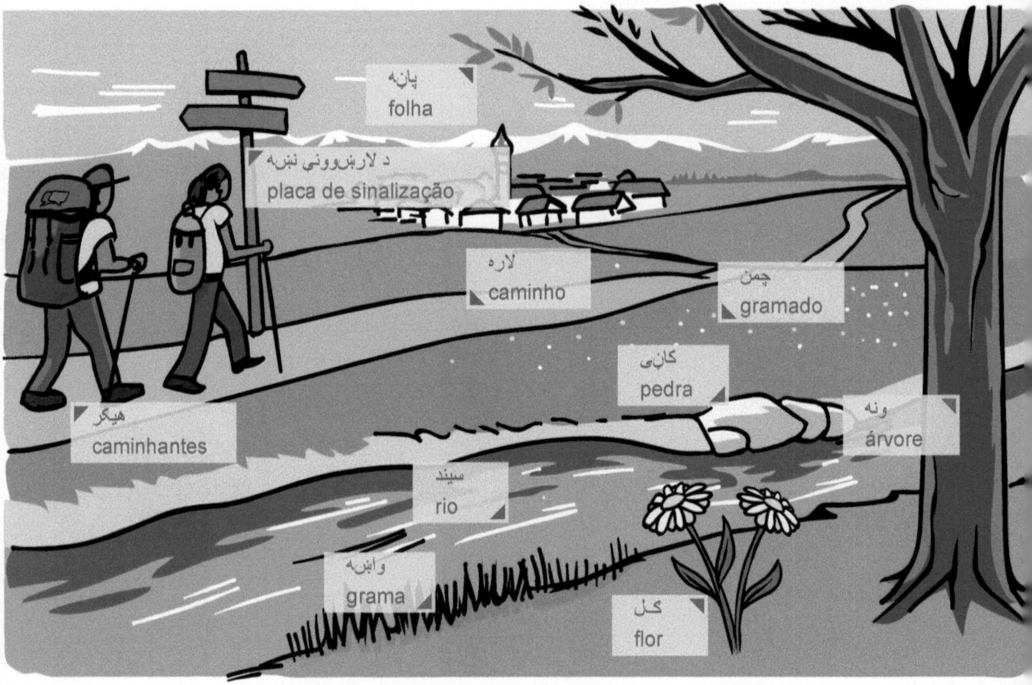
پاڼه
folha
د لارښووني نښه
placa de sinalização
لاره
caminho
چمن
gramado
کاڼی
pedra
ونه
árvore
هیکر
caminhantes
سیند
rio
واښه
grama
ګل
flor

دره
....
vale

غوندى
....
montanha

ناور
....
lago

خنگل
....
floresta

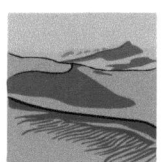

دشته
....
deserto

اورشيندى
....
vulcão

کلا
....
castelo

رنگين کمان
....
arco-íris

مرخيري
....
cogumelo

پلم ونه
....
palmeira

ماشي
....
mosquito

الوتل
....
mosca

ميږى
....
formiga

مچۍ
....
abelha

غوندﺉ/جولا
....
aranha

کونگت

besouro

چونگشه

sapo

نولی

esquilo

زیریکی

ouriço

سوی

lebre

کونگ

coruja

مرغی

pássaro

قازه

cisne

نرخوگ

javali

هوسی

veado

گاوزه

alce

بند

barragem

بادي توربين

aerogerador

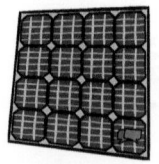

سولار تختي

painel solar

اقلیم

clima

ریسټورانټ
restaurante

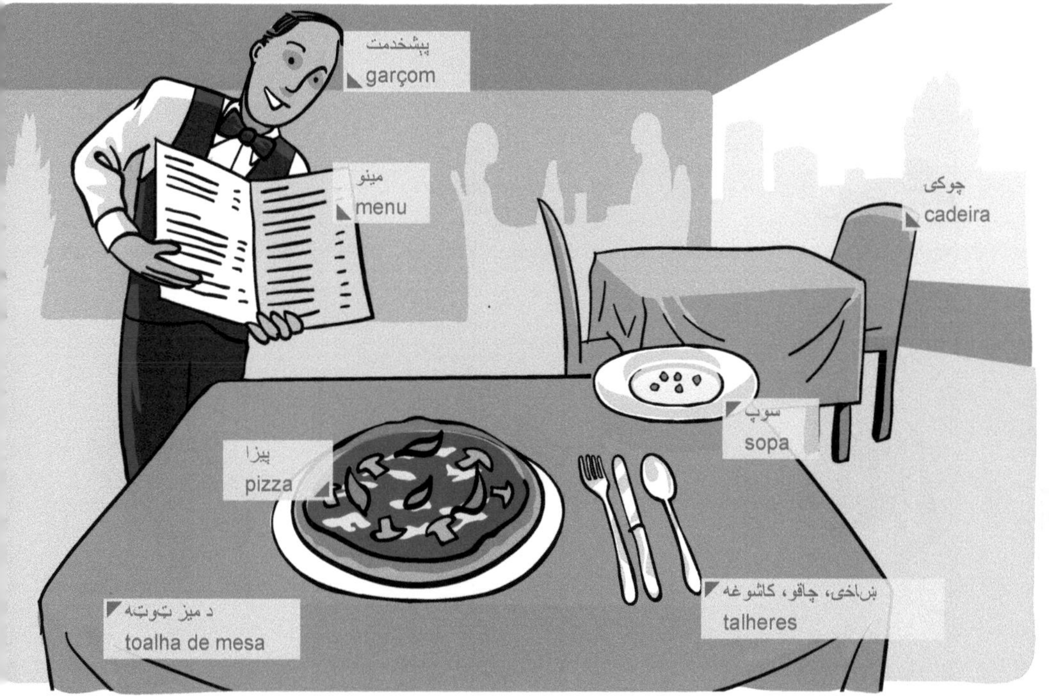
پېشخدمت
garçom
مينو
menu
چوکۍ
cadeira
سوپ
sopa
پيزا
pizza
د ميز ټوټه
toalha de mesa
بڼاخې، چاقو، کاشوغه
talheres

سټارټر
....
entrada

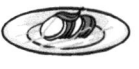

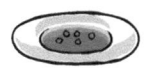

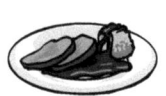

اصلي خواړه
....
prato principal

شيريني
....
sobremesa

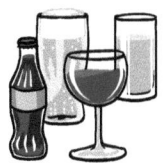

څښاک
....
bebidas

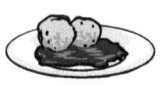

خواړه
....
comida

بوتل
....
garrafa

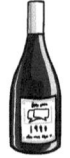

فاست فود

fastfood

د کوڅي خواړه

comida de rua

چای جوش

bule de chá

قندانی

açucareiro

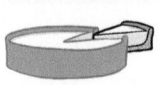

برخه

porção

اسپرسو مشین

máquina de expresso

لوړه چوکی

cadeirão

رسید

conta

مجمه

bandeja

چاکو

faca

پنجه

garfo

قاشق

colher

چای قاشق

colher de chá

سورویت

guardanapo

گلاس

copo

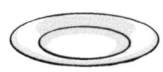

پلیت

prato

د سوپ پلیت

prato de sopa

نالبیکی

pires

ساس

molho

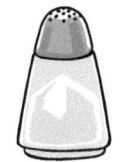

مالګه شیندونکی

saleiro

د مرچ ټکولو لوخی

moedor de pimenta

سرکه

vinagre

غوړي

óleo

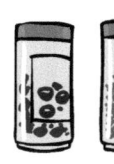

مساله

especiarias

کچ اپ

ketchup

شرشم

mostarda

چکه

maionese

لوی پلورنځی

supermercado

ځانګړی وړاندیز
oferta especial
FOR
پیرودونکی
cliente
لبنیات
laticínios
میوه
frutas
لاسي ځرخ
carrinho de compras

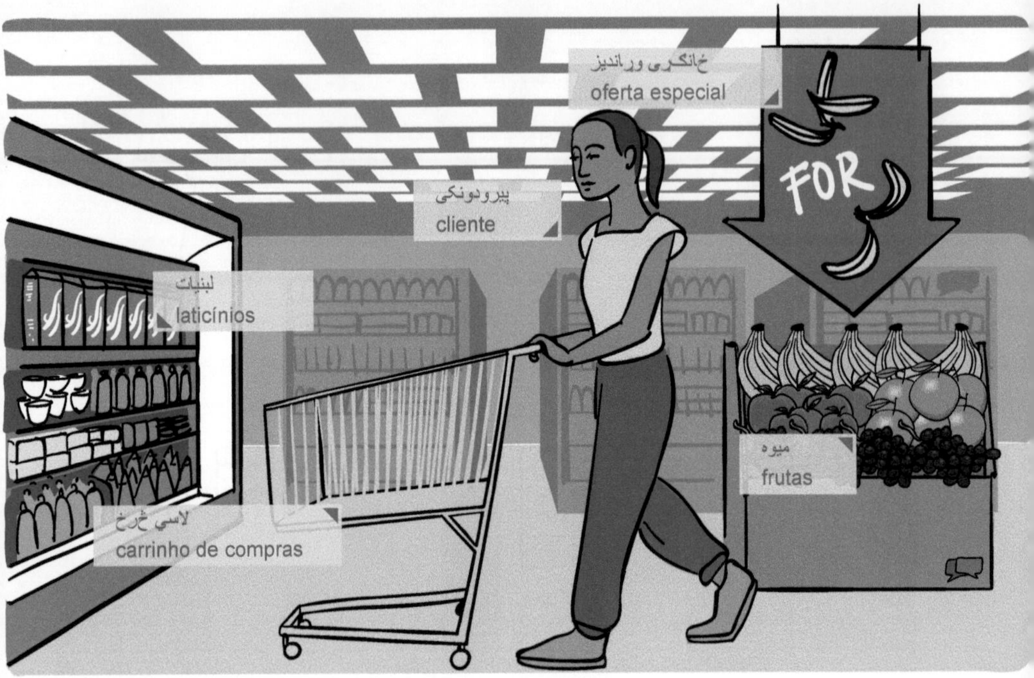

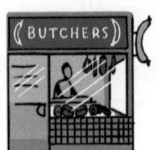

BUTCHERS

قصابي

açougue

BAKERY

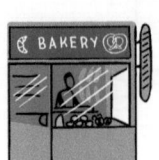

نانوایی

padaria

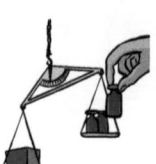

وزن کول

pesar

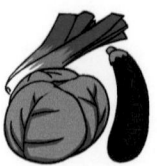

سبزیجات

legumes

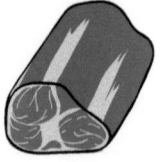

غوښه

carne

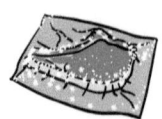

کنګل خواره

congelados

يخه غوښه

charcutaria

کنسروا خواره

conservas

د مینځلو پودر

detergente em pó

شیریني

doces

کورني تولیدات

artigos domésticos

د پاکولو محصولات

produtos de limpeza

د پلور فرد

vendedora

د نغدي راجستر

caixa

صراف

caixa

د پیرود لیست

lista de compras

کاري ساعتونه

horário de funcionamento

بټوه

carteira

کریدیټ کارت

cartão de crédito

کڅوړه

sacola

پلاستیک کڅوړه

saco plástico

bebidas

اوبه
....
água

سوج
....
suco

شیده
....
leite

کوک
....
coca-cola

واین
....
vinho

بیر
....
cerveja

الکول
....
álcool

ککاو
....
cacau

چای
....
chá

کافی
....
café

اسپرسو
....
expresso

کپچینو
....
cappuccino

کیله

banana

مڼه

maçã

نارنج

laranja

هندوانه

melão

لیمو

limão

کازره

cenoura

هوږه

alho

بانکس

bambu

پیاز

cebola

مرخیړي

cogumelo

چغزی

nozes

آش

macarrão

سپیگتي

espaguete

وریجي

arroz

سلاد

salada

چپس

batatas fritas

سره کري کچالو

batatas frias

پیزا

pizza

همبرگر

hambúrger

ساندویچ

sanduíche

کتره

escalope

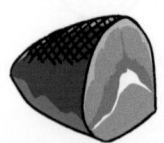

د پتٔون غوښه

presunto

سلمي

salame

ساسچ

salsicha

چرگ

galinha

روست

assado

کب

peixe

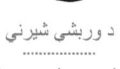

د وربشي شیرني

flocos de aveia

موسلي

granola

د جوار پلی

flocos de milho

اوړه

farinha

کروسانت

croissant

د ډوډی رول

pãozinho

ډوډی

pão

ټوسټ

torrada

بسکیټ

biscoitos

کوچ

manteiga

چکه

requeijão

کیک

bolo

هګی

ovo

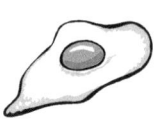

پخ‍ی هګی

ovo frito

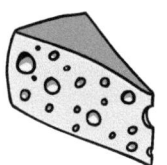

پنیر

queijo

آيس كريم

sorvete

بوره

açúcar

شهد

mel

مربا

geleia

نوگات كريم

creme de avelãs

كوركمان

curry

کرونده

fazenda

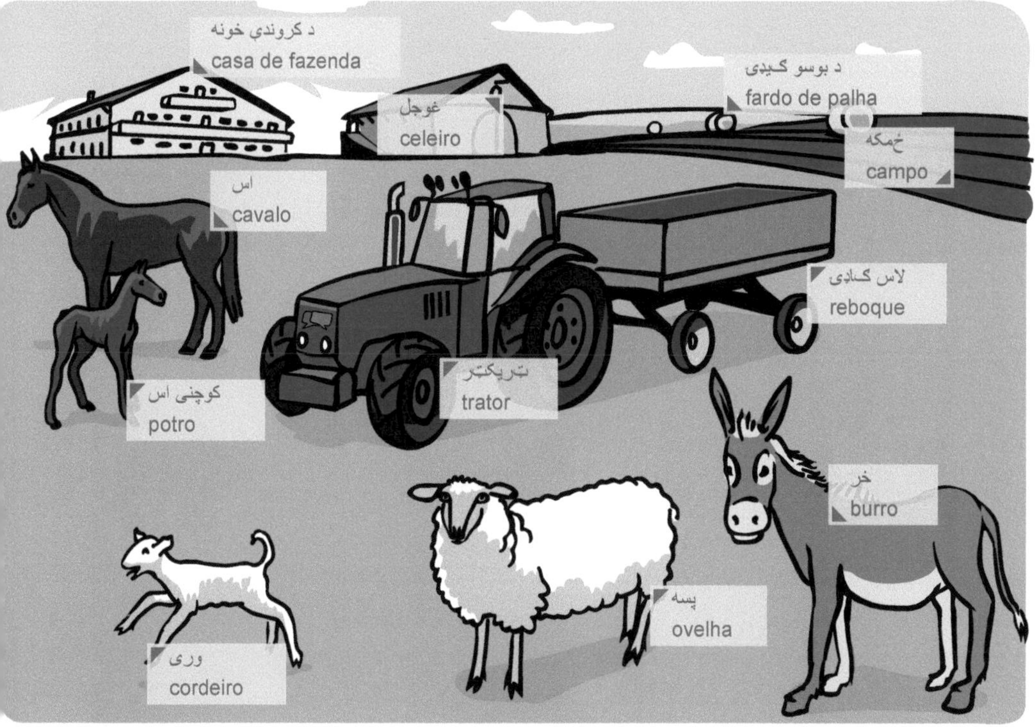

د کروندي خونه
casa de fazenda
غوجل
celeiro
د بوسو ګیډی
fardo de palha
ځمکه
campo
اس
cavalo
لاس ګاډی
reboque
ټریکټر
trator
کوچنی اس
potro
خر
burro
پسه
ovelha
وری
cordeiro

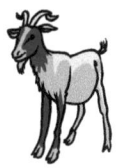

وزه

cabra

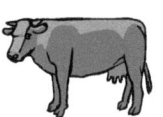

غوا

vaca

خوسکی

bezerro

خوک

porco

د خوک بچی

leitão

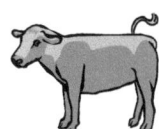

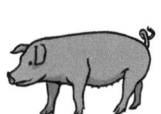

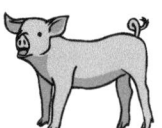

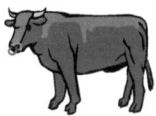

غویی

touro

بته

ganso

هيلۍ

pato

چرګوړی

pintinho

چرګه

galinha

بانګي

galo

سارای موږک

ratazana

پیشک

gato

موږک

camundongo

غويی

boi

سپی

cachorro

د سپي خونه

casinha do cachorro

د باغ هوز

mangueira de jardim

د اوبو لوخی

regador

لور (داس)

foice

يوی

arado

لور

foice

رمبى

enxada

بشاخى

forquilha

تبر

machado

كراچى

carrinho de mão

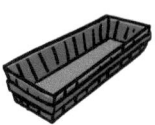

ناوه

manjedoura

د شيدو لوخى

jarra de leite

جوال

saco

كتتاره

cerca

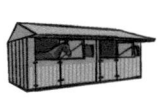

مضبوط

estábulo

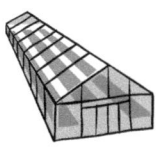

شنه خونه

estufa

خاوره

solo

تخم

semente

سره/كود

fertilizante

گد ريبونكى ماشين

colheitadeira

زيرمه كول

colher

درمند

colheita

خواږه كچالو

inhame

غنم

trigo

سويا

soja

كچالو

batata

جوار

milho

نباتي تخم

colza

د ميوي ونه

árvore frutífera

مانيوك

mandioca

غله

cereais

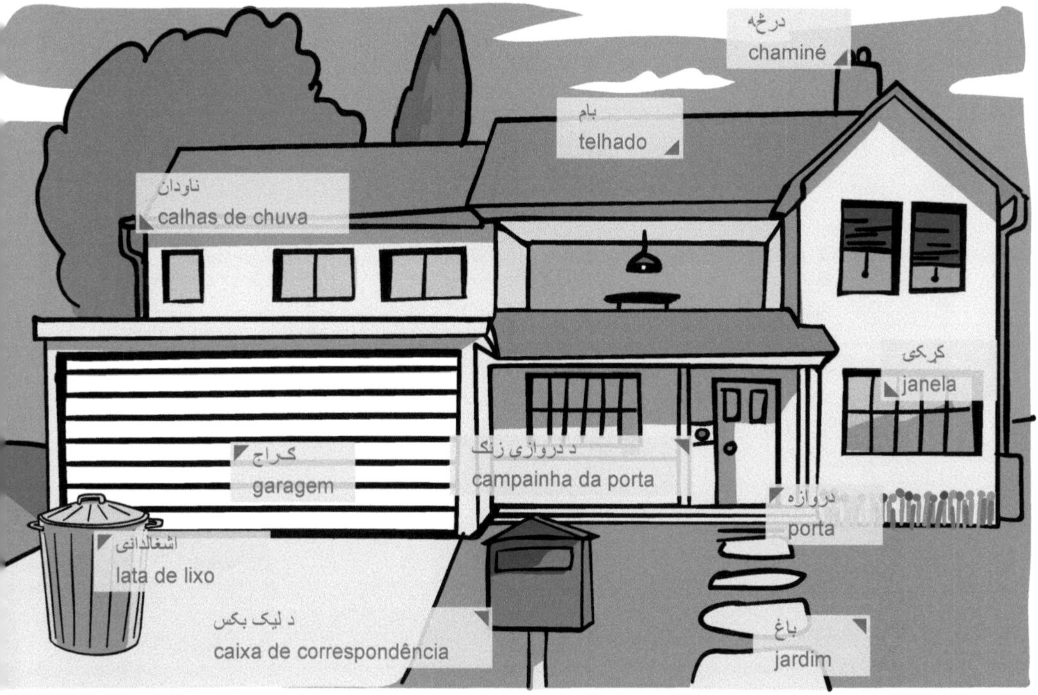

درشہ
chaminé

بام
telhado

ناودان
calhas de chuva

کرکی
janela

کراج
garagem

د دروازی زنگ
campainha da porta

دروازه
porta

اشغالدانی
lata de lixo

د لیک بکس
caixa de correspondência

باغ
jardim

د اوسیدو خونه
....
sala de estar

حمام
....
banheiro

پخلنځی
....
cozinha

د ویده کیدو خونه
....
quarto de dormir

د ماشوم خونه
....
quarto de criança

د خوارو خونه
....
sala de jantar

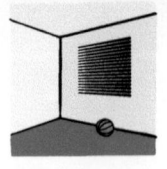

فرش

chão

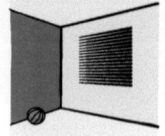

ديوال

parede

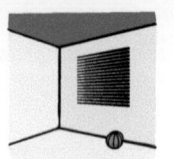

چت

teto

زيرخانه

porão

سونا

sauna

بالكوني

varanda

تراس

terraço

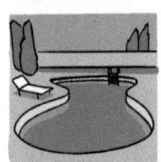

حوض

piscina

د چمن وهلو ماشين

cortador de grama

شيت

lençol

روجايى

coberta

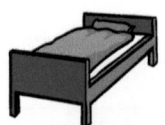

تخت

cama

جارو

vassoura

بوكه

balde

سويچ

interruptor

والپيپر
papel de parede

عكس
quadro

لامپ
lâmpada

شيلف
prateleira

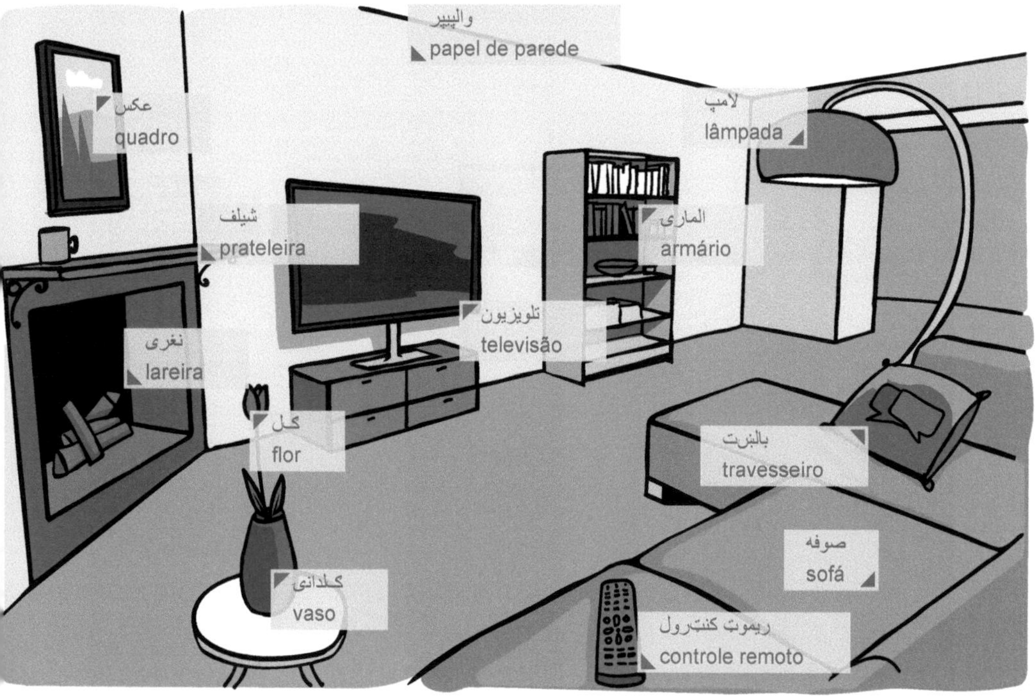

الماري
armário

نغرى
lareira

تلويزيون
televisão

گل
flor

بالتںت
travesseiro

صوفه
sofá

گلدانى
vaso

ريموټ کنټرول
controle remoto

غالى
......
tapete

پرده
......
cortina

ميز
......
mesa

چوکى
......
cadeira

تاويدونكي چوکى
......
cadeira de balanço

بازو لرونکى چوکى
......
poltrona

کتاب
....
livro

کمپل
....
cobertor

دیکوریشن
....
decoração

د اور لرګي
....
lenha

فلم
....
filme

هایفای
....
equipamento de som

کلي
....
chave

ورځپاڼه
....
jornal

نقاشي
....
pintura

پوستر
....
pôster

رادیو
....
rádio

کتابچه
....
bloco de notas

واکیوم جارو
....
aspirador

کاکتوس
....
cacto

شمع
....
vela

پخلنځی
cozinha

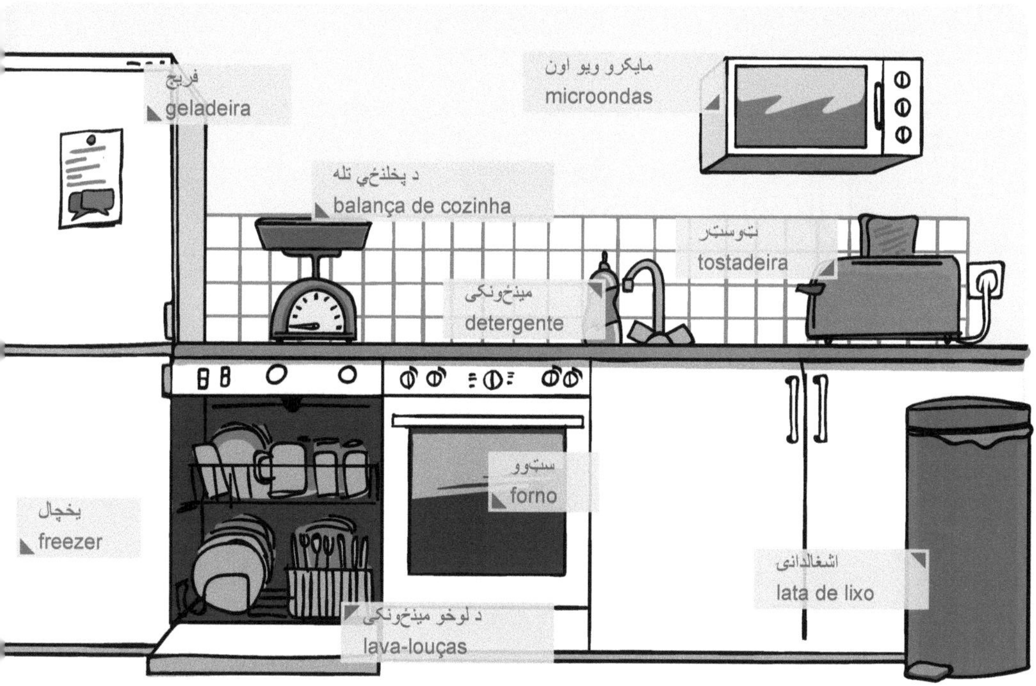

فریج
geladeira
مایکرو ویو اون
microondas
د پخلنځي تله
balança de cozinha
ټوسټر
tostadeira
مینځونکی
detergente
سټوو
forno
یخچال
freezer
اشغالدانی
lata de lixo
د لوخو مینځونکی
lava-louças

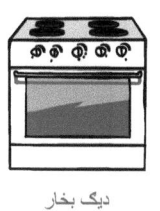

دیګ بخار

fogão

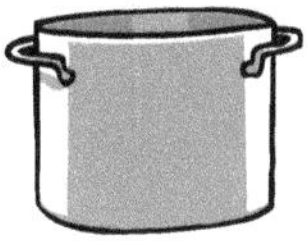

لوخی

panela

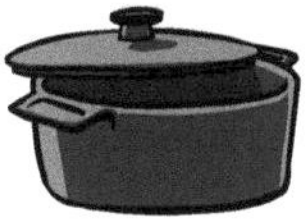

چدني لوخی

panela de ferro

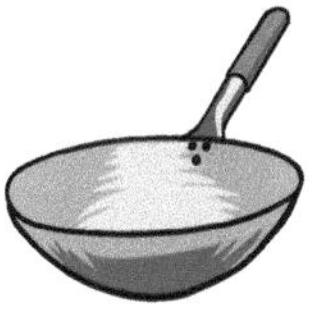

ووک

wok / kadai

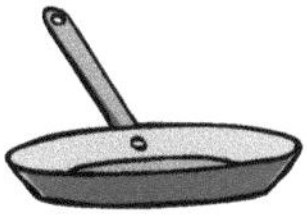

د تلي په

frigideira

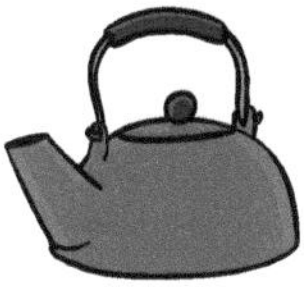

چای جوش

chaleira

د بخار دیگ

panela a vapor

پتنوس

tabuleiro de forno

لوخي

louça

مګ

caneca

کاسه

caçarola

د رانیولو اوزار

hashi

څمڅۍ

concha de sopa

کفګیر

espátula

پاکونکی

batedor

صافي

escorredor

غلبیل

peneira

ګریټر

ralador

اونګ

almofariz

بار بي کیو

churrasqueira

خلاص اور

lareira

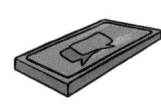

تخته

tábua de cortar

هوارونکی

rolo da massa

کارک سکريو

saca-rolhas

نټيم

lata

د نټيم خلاصونکی

abridor de latas

د لوخي نټوتـه

pegador de panela

ظرف شوی

pia

برس

escova

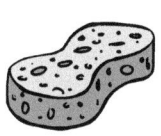

سپنج

esponja

بليندر

liquidificador

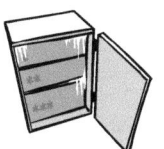

ژور يخچال

congelador

د ماشوم بوتل

mamadeira

نل

torneira

حمام

banheiro

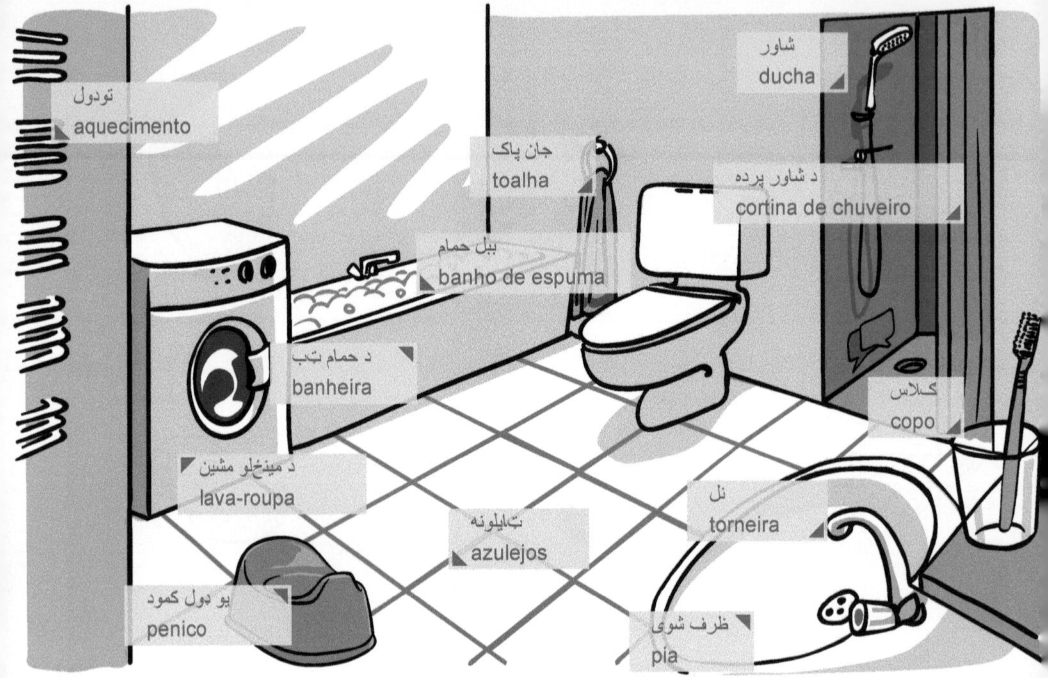

شاور
ducha
تودول
aquecimento
جان پاک
toalha
د شاور پرده
cortina de chuveiro
ببل حمام
banho de espuma
د حمام ټب
banheira
ګلاس
copo
د مینځلو مشین
lava-roupa
نل
torneira
ټایلونه
azulejos
يو ډول کمود
penico
ظرف شوی
pia

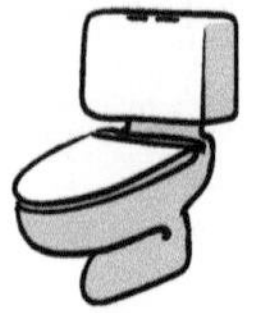

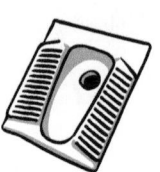

تشناب

vaso sanitário

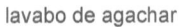

فرشي کمود

lavabo de agachar

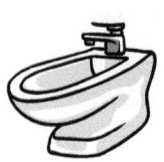

کمود

bidê

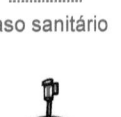

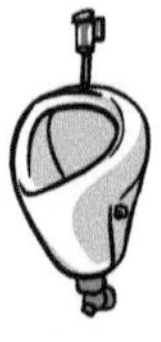

د متیازو ځای

mictório

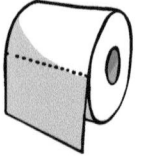

تشناب کاغذ

papel higiênico

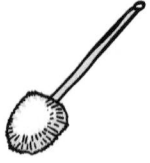

د تشناب برس

escova de privada

د غاښونو برس

escova de dentes

د غاښونو کريم

pasta de dentes

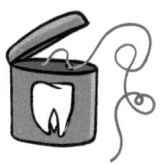

د غاښونو نخ

fio dental

مينځل

lavar

لاسي شاور

ducha de mão

دوش

ducha íntima

خانک

bacia

د شا برس

escova para as costas

صابون

sabonete

د شاور ژل

gel de banho

شامپو

xampu

فلانل جامه

toalha de rosto

وچول

escoamento

کريم

creme

سپری

desodorante

آینه

espelho

لاسي آینه

espelho de mão

ریزر

barbeador

د خریلو فوم

espuma de barbear

د خریلو وروسته

loção pós-barba

کمنخ

pente

برس

escova

د ویښتانو وچونکی

secador de cabelo

د ویښتانو سپری

spray de cabelo

میک اپ

maquiagem

لیپ ستیک

batom

د نوکانو پالش

esmalte de unhas

کاټن وری

algodão

ناخن گیر

tesoura para unhas

عطر

perfume

د مینخلو کڅوړه

nécessaire

ستول

banquinho

د وزن کولو تله

balança

د حمام پوښاک

roupão de banho

د ربر دستکش

luvas de borracha

تامپون

absorvente interno

صحیی جان پاک

absorvente íntimo

کیمیکل تشناب

banheiro químico

د ماشوم خونه

quarto de criança

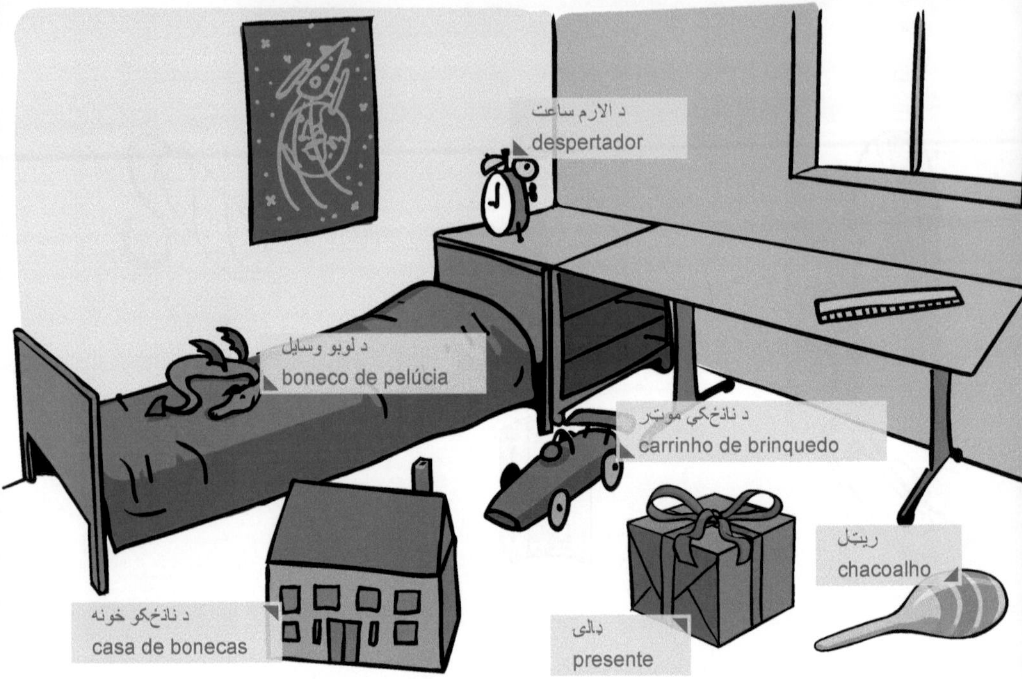
د الارم ساعت
despertador
د لوبو وسایل
boneco de pelúcia
د نانځکي موټر
carrinho de brinquedo
ریتل
chacoalho
د نانځکو خونه
casa de bonecas
ډالۍ
presente

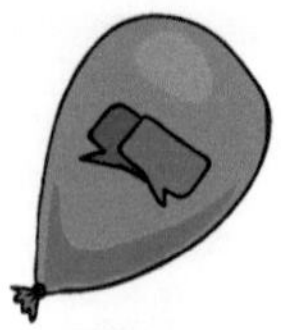

بالون

balão

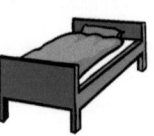

تخت

cama

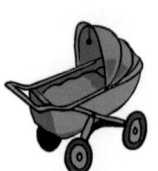

کالسکه

carrinho de bebê

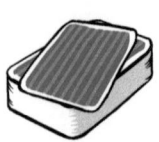

د لوبو ورقې

jogo de cartas

جیګسا

quebra-cabeças

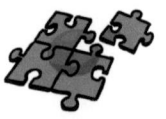

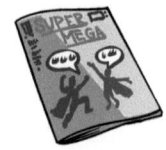

مسخره

revista de quadrinhos

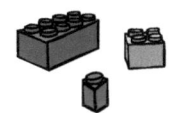

لیگو بریک

peças de Lego

د نانځکو بلاک

blocos de construção

د اکشن فیگـور

figura de ação

د ماشوم پوښاک

macaquinho de bebê

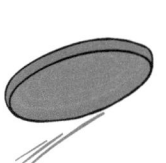

فریزبي

frisbee

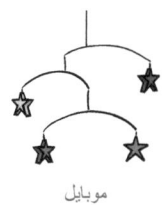

موبایل

móbile para bebé

بورډ لوبه

jogo de tabuleiro

تاس

dados

مادل ریل سیت

trenzinho elétrico

کـونګشی

chupeta

پارټي

festa

د عکسونو البوم

livro ilustrado

بال

bola

نانځکه

boneca

لوبیدل

brincar

د شکو کنده

caixa de areia

سوینگ

balanço

نانځکی

brinquedos

د ويډيو لوبو کنسول

videogame

ترای سایکل

triciclo

ګوډکه

ursinho de pelúcia

د کالو الماری

guarda-roupa

جرابی

meias

لوړي جرابي

meias pelo joelho

ټایټس

meias-calças

زروکی
cachecol

چتری
guarda-chuva

تي شرت
camiseta

کمربند
cinto

بوتان
botas

سلیپر
chinelos

سنیکر
tênis

سیندل
....
sandálias

بوتان
....
sapatos

د ربر بوتان
....
botas de borracha

زیرنیکري
....
roupa de baixo

سینه بند
....
sutiã

واسکټ
....
camiseta de baixo

بادي
body

پتلون
calças

جينز
jeans

لمن
saia

بلاوز
blusa

شرت
camisa

بنيان
pulôver

سويټر
suéter com capuz

بليزر
blazer

جاکټ
jaqueta

کوټ
casaco

د باران کوټ
gabardine

پوښاک
traje

کالي
vestido

د واده پوښاک
vestido de casamento

درېشي

terno

د شپې پوښاک

camisola

پاجامه

pijama

ساري

sari

لویټه

lenço de cabeça

پتکی

turbante

برقه

burca

کفتن

cafetã

عبا

abaya

د لامبو پوښاک

maiô

نیکر

sunga

شارت

shorts

د خغاستي پوښاک

roupa de treino

پیش بند

avental

دستکش

luvas

بټن

botão

عینک

óculos

لاس بند

pulseira

غاړه کۍ

colar

ګوتمه

anel

غوږوالۍ

brinco

خولۍ

boné

کوټ بند

cabide

خولۍ

chapéu

نتایی

gravata

ځنځیر

zíper

هیلمیټ

capacete

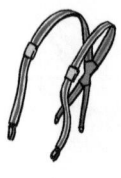

ترونګی

suspensórios

د ښوونځي یونیفارم

uniforme escolar

یونیفارم

uniforme

بيبب

babador

كـونكـشـى

chupeta

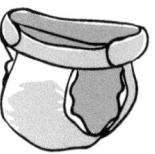

نيبي

fralda

دفتر

escritório

سرور
servidor

د دوسيه المارى
armário de arquivos

پرينتر
impressora

مانيټور
monitor

ورق
papel

ماوس
mouse

ديسک
escrivaninha

فولدر
pasta

كي بورد
teclado

اشغالدانى
cesto de lixo

چوكى
cadeira

كمپيوټر
computador

د كافي پياله

xícara de café

كالكوليټر

calculadora

انترنيټ

internet

لپ ټاپ
....

laptop

ليک
....

carta

پيغام
....

mensagem

موبايل
....

celular

نيټورک
....

rede

فونټوکاپير
....

copiadora

سافټوير
....

software

تليفون
....

telefone

پلک ساکټ
....

tomada

فکس مشين
....

fax

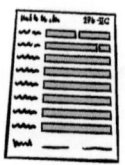

فارم
....

formulário

سند
....

documento

لېرل

comprar

تاديه کول

pagar

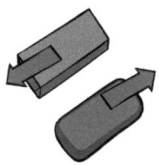

سوداګري کول

negociar

پيسي

dinheiro

ډالر

Dólar

يورو

Euro

ين

Yen

ربل

rublo

سويسي فرانک

franco suíço

رينمينبي يوان

renminbi yuan

روپۍ

rupia

د نغدي پيسو څای

caixa eletrônico

د اسعارو د تبادلي دفتر

casa de câmbio

سره زر

ouro

سپین زر

prata

تیل

petróleo

انرژي

energia

نرخ

preço

قرارداد

contrato

مالیه

imposto

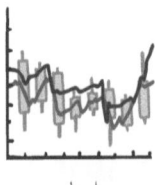

اسهام

ação

کار کول

trabalhar

کارمند

empregado

کار ګومارونکی

empregador

فابریکه

fábrica

پلورنځی

loja

مسلکونه

profissões

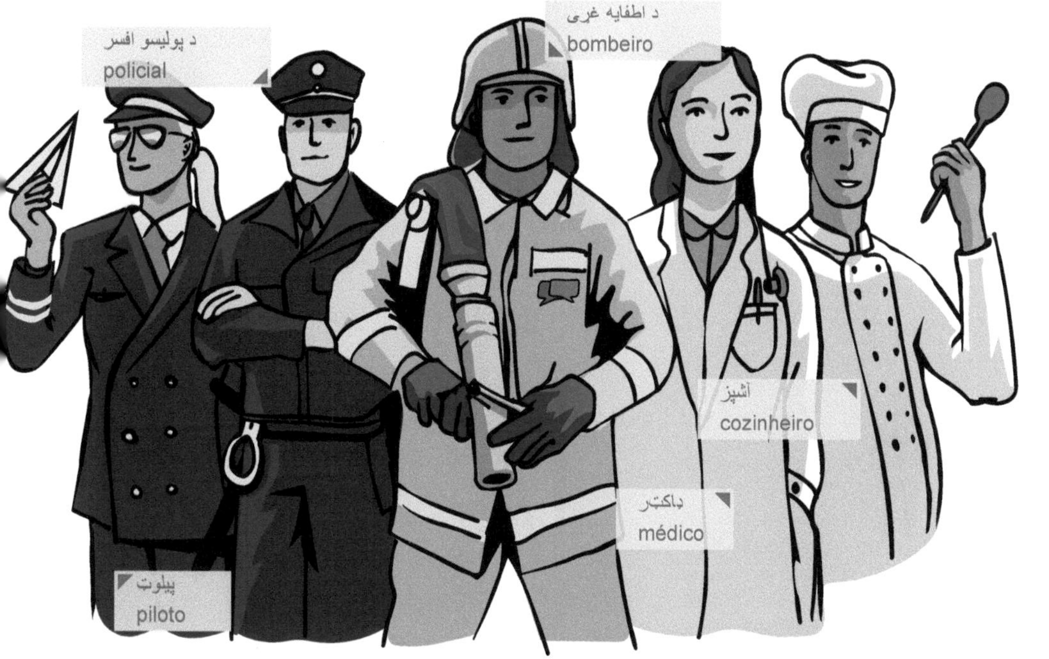

د پولیسو افسر
policial
د اطفایه غړی
bombeiro
آشپز
cozinheiro
ډاکټر
médico
پیلوټ
piloto

باغوان

jardineiro

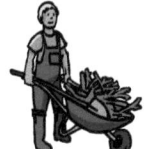

نجار

marceneiro

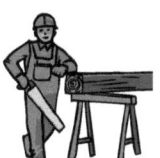

خیاط

costureira

قاضي

juiz

کیمیا پوه

químico

د فلم لوبغاړی

ator

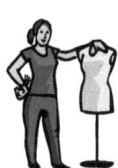

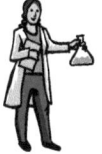

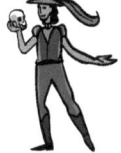

د بس ډرايور

motorista de ônibus

د ټيکسي ډرايور

motorista de táxi

کب نيونکی

pescador

خدمه

faxineira

بام جوړونکی

telhador

پيشخدمت

garçom

ښکاري

caçador

نقاش

pintor

نائوا

padeiro

د بريښنا کارکونکی

eletricista

تعمير جوړونکی

construtor

انجنير

engenheiro

قصاب

açougueiro

نلدوان

encanador

پوست رسونکی

carteiro

سرتيرى

soldado

مهندس

arquiteto

صراف

caixa

ماليار

florista

نايى

cabelereiro

كليندر

condutor

ميكانيك

mecânico

كيتان

capitão

د غاښونو ډاكتر

dentista

ساينس پوه

cientista

بڼاغلى

rabino

امام

imam

مذهبي نفر

monge

پادري

pastor

لوازم
ferramentas

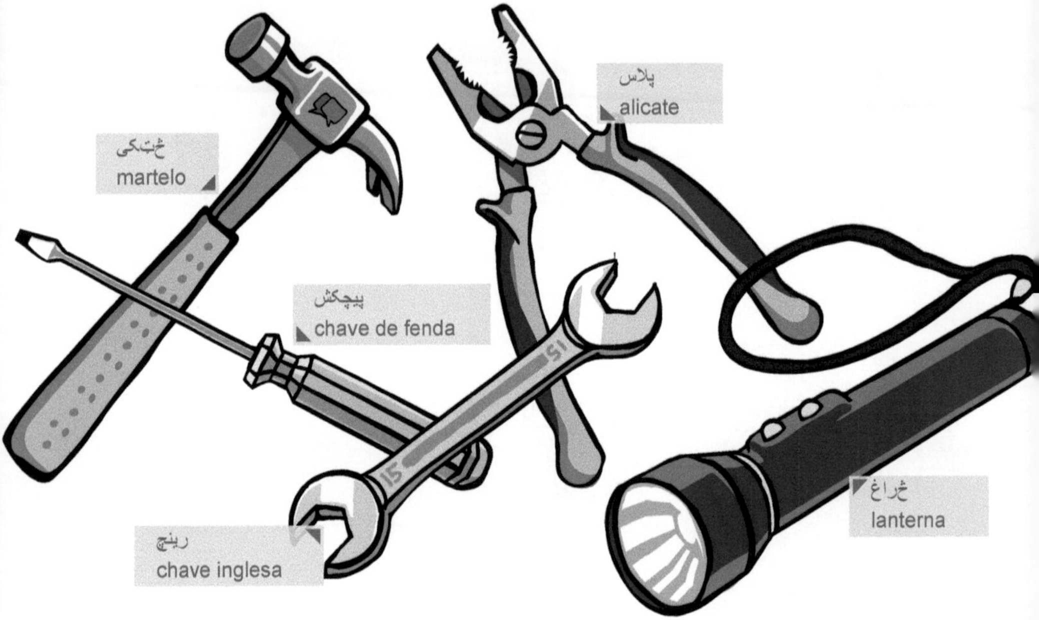

څټکی
martelo
پلاس
alicate
پیچکش
chave de fenda
رینچ
chave inglesa
څراغ
lanterna

کنستونکی

escavadora

د لوازمو بکس

caixa de ferramentas

زینه

escada de mão

اره

serra

میخونه

pregos

برمه

furadeira

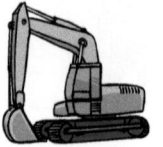

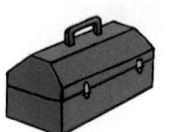

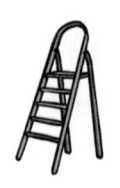

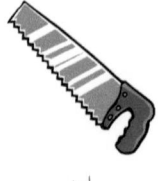

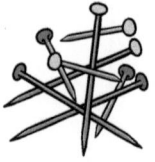

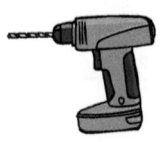

ترمیم کول
....
consertar

بیل
....
pá

لعنت!
....
Droga!

خاک انداز
....
pá de lixo

مشوانی
....
pote de tinta

پیچونه
....
parafusos

د میوزیک آلات
instrumentos musicais

لاوډ سپیکر
alto-falante

درم سیټ
bateria ▲

کیتار
guitarra ◄

کنترباس
contrabaixo

ترومپیټ
trompete

پيانو

piano

وايلن

violino

باس

baixo

نغاره

timbales

درمونه

tambor

كي بورد

teclado

سيكسافون

saxofone

شپيلى

flauta

مايكروفون

microfone

ژوبڼ
zoológico

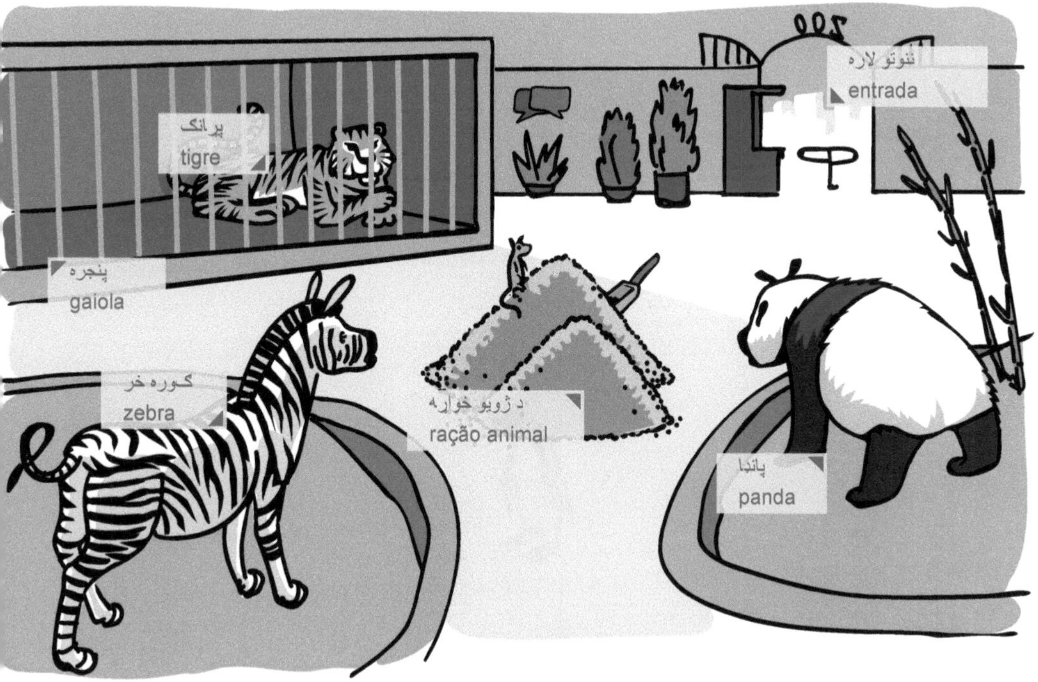
ننوتو لاره
entrada
پړانګ
tigre
پنجره
gaiola
ګوره خر
zebra
د ژويو خواړه
ração animal
پانډا
panda

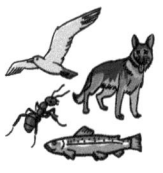

ژوی

....

animais

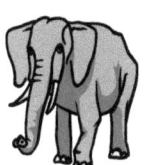

هاتي

....

elefante

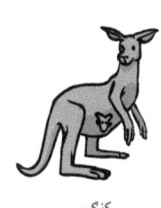

کنګرو

....

canguru

د اوبو اسپ

....

rinoceronte

ګوريلا

....

gorila

ایږه

....

urso

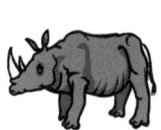

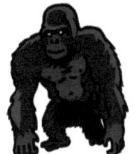

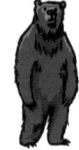

اوبش

camelo

شترمرغ

avestruz

زمری

leão

بيزو

macaco

غزی

flamingo

طوطي

papagaio

قطبي ايريه

urso polar

پينګوين

pinguim

شارک

tubarão

طاوس

pavão

مار

cobra

تمساح

crocodilo

ژوبين ساتونکی

guarda do zoológico

سيل

foca

جګوار

jaguar

يابو

pônei

پرانگ

leopardo

هیپو

hipopótamo

زرافه

girafa

باز

águia

نرخوک

javali

کب

peixe

شمشتی

tartaruga

سمندري نولی

morsa

گیدړه

raposa

هوسی

gazela

امریکایی فټبال
futebol americano

سایکل خېغلول
ciclismo

تېنیس
tênis

باسکیټبال
basquete

لامبو
natação

باکسینګ
boxe

د ګنګل هاکي
hóquei no gelo

فټبال
....
futebol

کسیزه
....
badminton

د خُغاستي لوبي
....
atletismo

د هندبال
....
handebol

سکي
....
esqui

پولو
....
polo

خندل
rir

ټوپ وهل
pular

غاړه ورکول
abraçar

کرخيل
andar

سندري ويل
cantar

خوب ليدل
sonhar

عبادت کول
rezar

مچ کول
beijar

ليکل
....
escrever

کښنل
....
desenhar

ښودل
....
mostrar

ټيله کول
....
empurrar

ورکول
....
dar

اخيستل
....
tomar

درلودل

ter

کول

fazer

پاییدل

ser

ودریدل

ficar de pé

منډي وهل

correr

راکښل

puxar

کوزارل

jogar

لویدل

cair

څملاستل

deitar

انتظار کول

esperar

ورل

carregar

کښېناستل

sentar

پوښاک اغوستل

vestir

ویده کېدل

dormir

پاخيدل

despertar

كتل
....
olhar para

ژړل
....
chorar

بريد كول
....
acariciar

ګمنځ كول
....
pentear

خبري كول
....
falar

پوهيدل
....
entender

غوښتل
....
perguntar

اوريدل
....
ouvir

څښل
....
beber

خورل
....
comer

پاكول
....
arrumar

مينه كول
....
amar

پخلى كول
....
cozinhar

موټر چلول
....
dirigir

الوتل
....
voar

بیری چلول

velejar

حساب

calcular

لوستل

ler

زده کول

aprender

کار کول

trabalhar

واده کول

casar

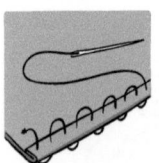

ګنډل

costurar

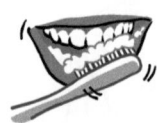

د غاښونو برس کول

escovar os dentes

وژل

matar

سګرټ څکښل

fumar

لیږدل

enviar

família

نیا
avó

نیکه
avô

پلار
pai

مور
mãe

ماشوم
bebê

لور
filha

زوی
filho

میلمه
convidado

ترور
tia

کاکا/ماما
tio

ورور
irmão

خور
irmã

بدن

corpo

تندی
testa
سترګې
olho
اوږه
ombro
ګوته
dedo
مخ
rosto
زنه
queixo
لاس
mão
سینه
peito
پښه
perna
مټ
braço

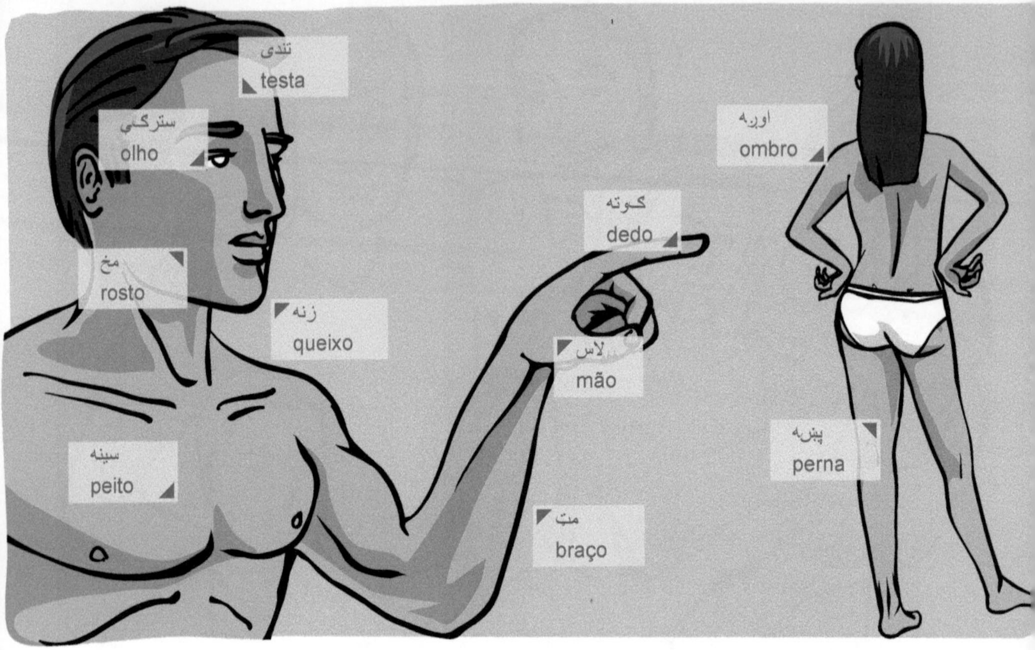

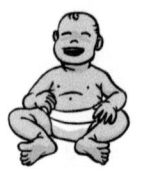

ماشوم

bebê

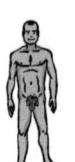

سړی

homem

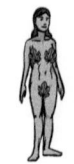

ښځه

mulher

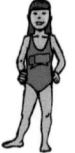

انجلۍ

menina

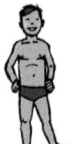

هلک

menino

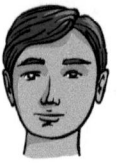

سر

cabeça

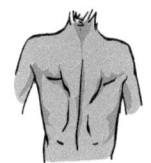

شا

costas

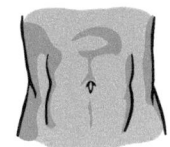

خيټه

barriga

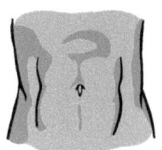

نوم

umbigo

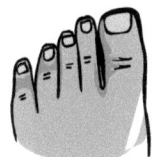

د پښي ګوته

dedo do pé

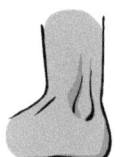

پونده

calcanhar

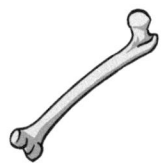

هډوکی

osso

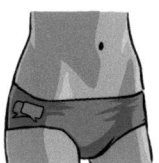

کوناټی

anca

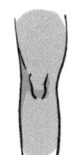

زنګون

joelho

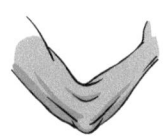

څنګل

cotovelo

پوزه

nariz

لاندي برخه

nádegas

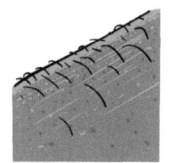

پوټکی

pele

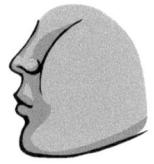

غومبوری

bochecha

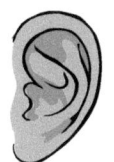

غوږ

orelha

ﺷﻮﻧﺪﻩ

lábio

خوله

boca

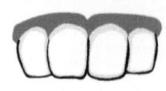

غاښ

dente

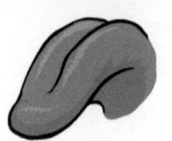

ژبه

língua

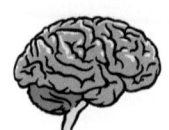

مغز

cérebro

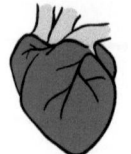

زره

coração

عضله

músculo

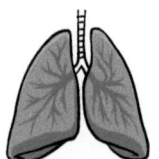

سږی

pulmão

ځيګر

fígado

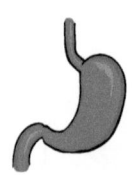

معده

estômago

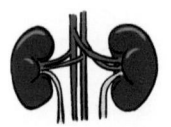

پښتورګي

rins

جنسي نږدي والی

relações sexuais

كاندوم

preservativo

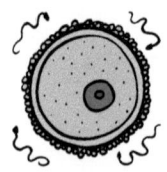

تخمه

óvulo

مني

esperma

حمل

gravidez

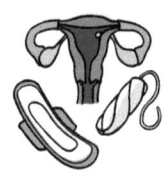

حیض

menstruação

مهبل

vagina

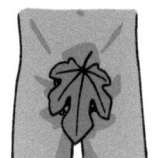

د نارينه تناسلي آله

pênis

وروځی

sobrancelha

ویښته

cabelo

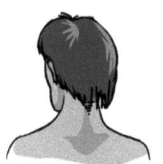

غاړه

pescoço

روغتون
hospital

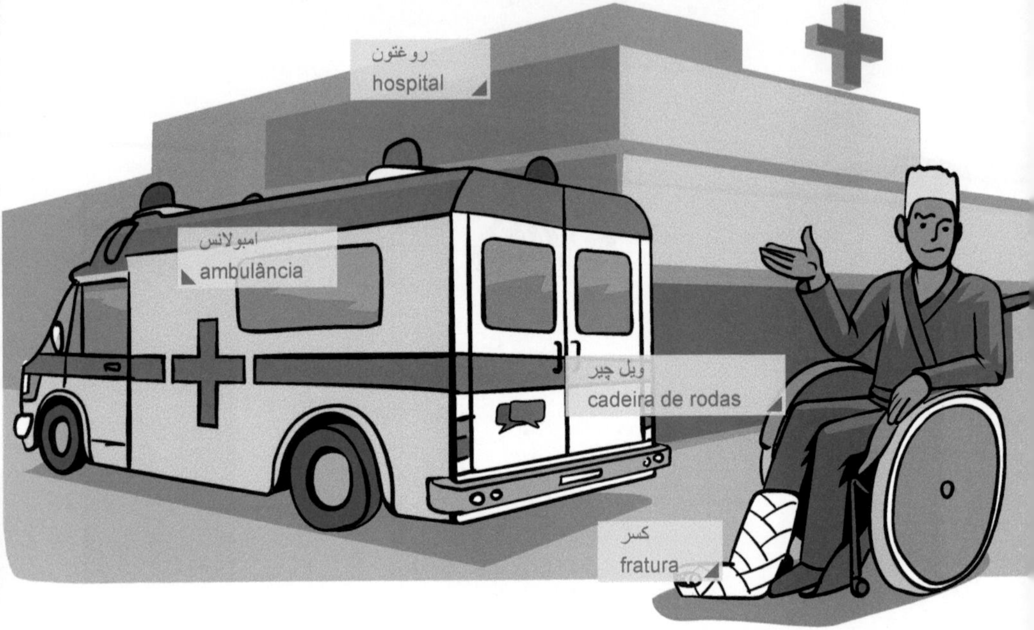

روغتون
hospital
امبولانس
ambulância
ويل چير
cadeira de rodas
کسر
fratura

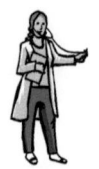

داکټر

médico

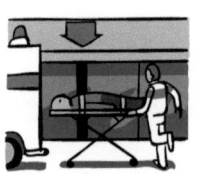

عاجل خونه

pronto-socorro

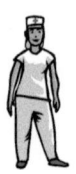

رنځورپال

enfermeira

عاجل

emergência

بي هوش

inconsciente

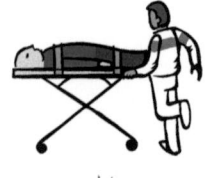

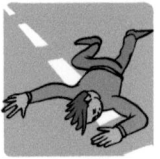

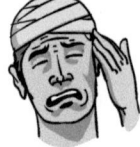

درد

dor

پتپ

ferimento

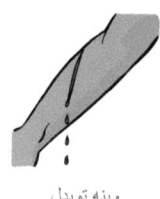

وينه تويدل

hemorragia

د زړه حمله

ataque cardíaco

ضرب

acidente vacular cerebral

حساسيت

alergia

ټوخى

tosse

تبه

febre

انفلوينزا

gripe

نس ناستى

diarreia

سر درد

dor de cabeça

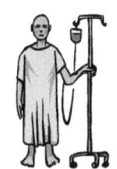

سرطان

câncer

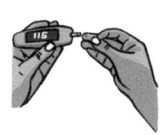

شکر

diabetes

جراح

cirurgião

سکالپل

bisturi

عمليات

operação

سیرتی

CT

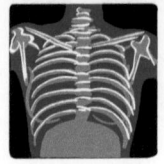

ایکس ری

raio x

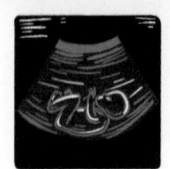

الترّاساوند

ultrassom

د مخ ماسک

máscara

ناروغي

doença

انتظار خونه

sala de espera

امسآ

muleta

پلستر

bandeide

بنداژ

ligadura

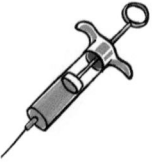

تزریق

injeção

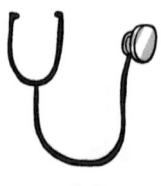

ستاتسکوپ

estetoscópio

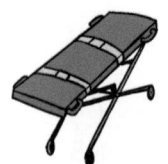

تسکیره

maca

کلینکي ترماميتر

termômetro

زيږون

nascimento

زیات وزن

excesso de peso

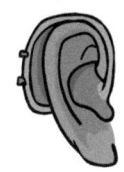

د اوریدو مرسته

aparelho auditivo

د عفونيت ځخه پاکونکي مواد

desinfetante

عفونيت

infecção

ويروس

vírus

ايچ.آي.وي/ايدز

HIV / AIDS

درمل

medicamento

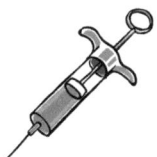

واكسين

vacinação

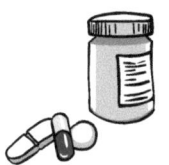

ټابلیټس

comprimidos

کـولۍ

pílula

عاجل تليفون

chamada de emergência

د وینی د فشار څارونکی

dispositivo de medição de
pressão arterial

ناروغ/روغ

doente / saudável

مرسته!

Socorro!

الارم

alarme

يرغل

assalto

بريد

ataque

خطر

perigo

عاجل لاره

saída de emergência

اور!

Fogo!

د اور وژونکی

extintor de incêndios

پيښه

acidente

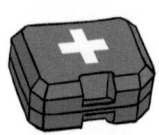

د لومړی مرستي لوازم

maleta de primeiros
socorros

ايس.او.ايس

SOS

پوليس

polícia

اروپا

Europa

شمالي امريکا

América do Norte

سهيلي امريکا

América do Sul

افريقا

África

آسيا

Ásia

آسټريليا

Austrália

اتلانتيک

Atlântico

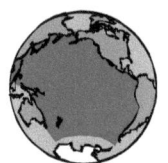

پاسيفيک

Pacífico

د هند بحر

Oceano Índico

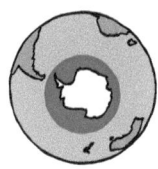

جنوبي منجمد بحر

Oceano Antártico

د شمال قطب بحر

Oceano Ártico

شمالي قطب

Polo Norte

سهیلی قطب
....
Polo Sul

انتـارکتیـکا
....
Antártica

خُمکه
....
Terra

خُمکه
....
terra

بحر
....
mar

نتـابو
....
ilha

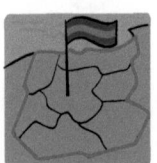

ملت
....
nação

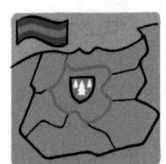

دولت
....
estado

د مخي ساعت

mostrador do relógio

د ساعت ستنه

ponteiro das horas

د دقيقي ستنه

ponteiro dos minutos

د ثانيى ستنه

ponteiro dos segundos

څه وخت دى؟

Que horas são?

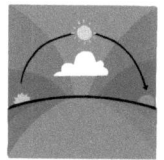

ورځ

dia

وخت

tempo

اوس

agora

ديجيتل ساعت

relógio digital

دقيقه

minuto

ساعت

hora

semana

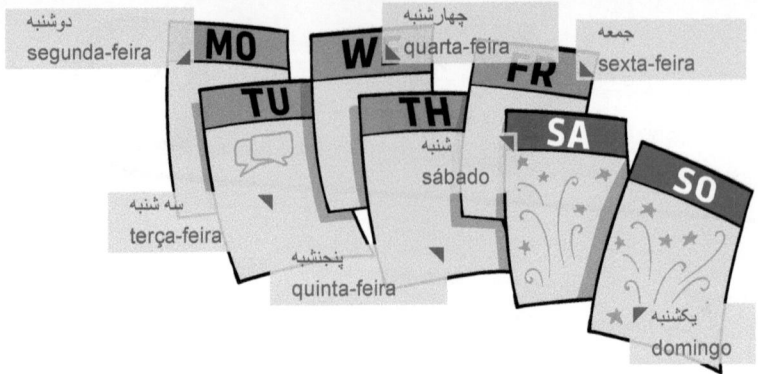

دوشنبه
segunda-feira

چهارشنبه
quarta-feira

جمعه
sexta-feira

سه شنبه
terça-feira

پنجشنبه
quinta-feira

شنبه
sábado

یکشنبه
domingo

پرون
ontem

نن
hoje

سبا
amanhã

سهار
manhã

غرمه
meio-dia

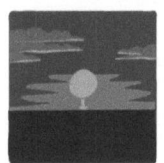

ماښام
entardecer

کاري ورځې
dias úteis

د اونۍ پای
fim de semana

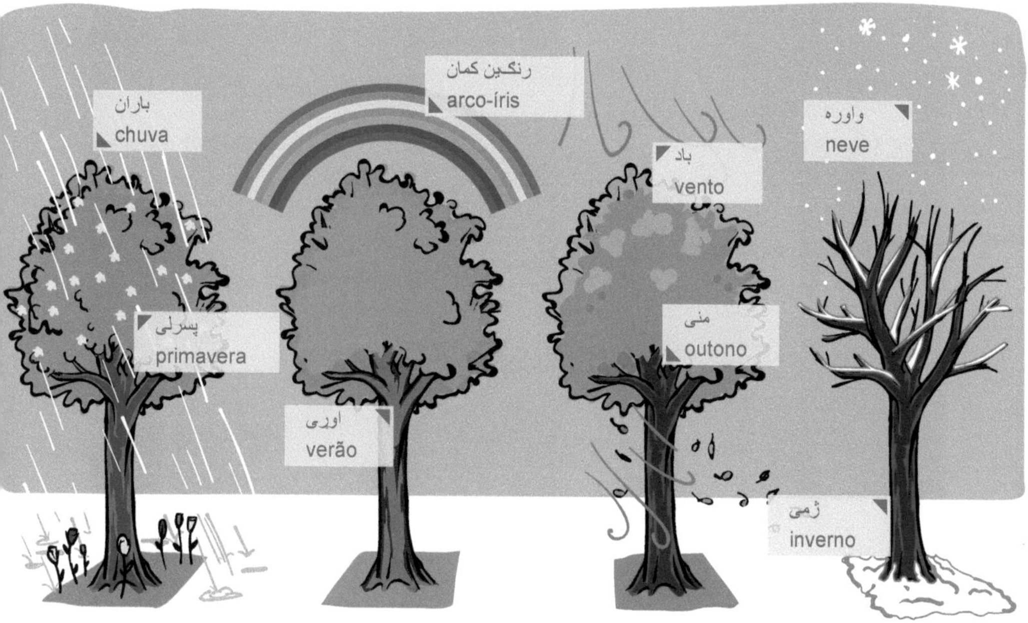

رنګین کمان
arco-íris
باران
chuva
واوره
neve
باد
vento
پسرلی
primavera
منی
outono
اوړی
verão
ژمی
inverno

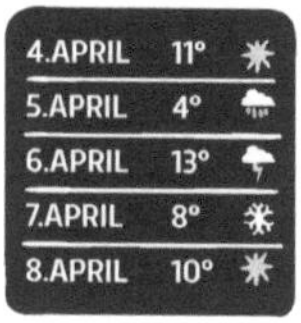

4.APRIL 11°
5.APRIL 4°
6.APRIL 13°
7.APRIL 8°
8.APRIL 10°

د موسم وړاندوینه
....
previsão do tempo

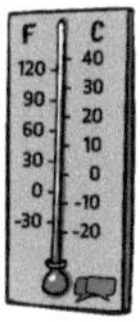

F C
120 40
90 30
60 20
30 10
0 0
-30 -10
-20

ترمومیټر
....
termômetro

د لمر وړانګې
....
raio de sol

ورېځ
....
nuvem

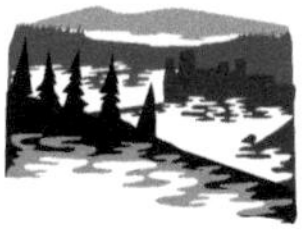

لړه
....
neblina / nevoeiro

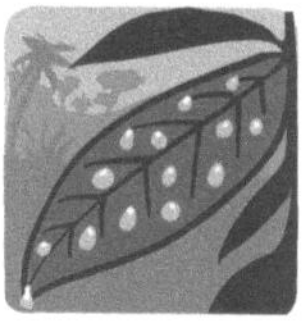

رطوبت
....
umidade do ar

رنا

relâmpago

تندر

trovão

توفان

tempestade

ژلی وریدل

granizo

مون سون باران

monção

سیلاب

inundação

یخ

gelo

جنوري

janeiro

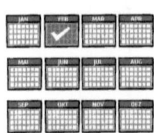

فبروري

fevereiro

مارچ

março

اپریل

abril

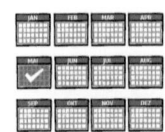

می

maio

جون

junho

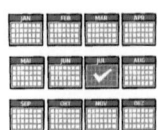

جولای

julho

اگست

agosto

سپتمبر
setembro

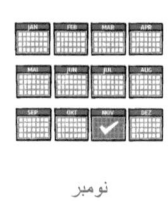

اکتوبر
outubro

نومبر
novembro

دسمبر
dezembro

شكلونه

شكلونه

formas

دایره
círculo

مربع
quadrado

مستطیل
retângulo

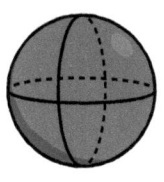

مثلث
triângulo

توپ
esfera

فال
cubo

سپين
....
branco

ژير
....
amarelo

نارنجي
....
laranja

کلابي
....
rosa

سور
....
vermelho

ارغواني
....
lilás

نيلي
....
azul

شين
....
verde

نسواري
....
marrom

خر
....
cinza

تور
....
preto

خورا دير/خورا لږ

muito / pouco

قار/ارام

furioso / tranquilo

ښکلی/بدشکله

lindo / feio

پيل/پای

começo / fim

لوی/کوچنی

grande / pequeno

روښانه/تياره

claro / escuro

ورور/خور

irmão / irmã

پاک/ککر

limpo / sujo

مکمل/نامکمل

completo / incompleto

ورځ/شپه

dia / noite

مړ/ژوندی

morto / vivo

پراخه/نری

largo / estreito

د خوراک وړ/نه خوړل کیدونکی

comestível / não comestível

بد/مهربان

mau / gentil

پاریدلی/بی خونده

entusiasmado / entediado

چاق/وچ

gordo / magro

لومړی/وروستی

primeiro / último

ملګری/دښمن

amigo / inimigo

ډک/تش

cheio / vazio

سخت/نرم

duro / macio

دروند/سپک

pesado / leve

لوږه/تنده

fome / sede

ناروغ/روغ

doente / saudável

غیرقانونی/قانونی

ilegal / legal

هوښیار/ساده

inteligente / idiota

کیڼ/ښی

esquerda / direita

نژدې/لرې

perto / longe

نوی/زوړ

novo / usado

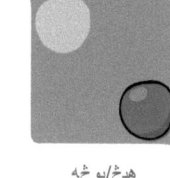

هیڅ/يو شه

nada / alguma coisa

بوډا/ځوان

velho / jovem

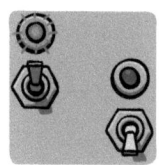

چالان/بند

ligado / desligado

خلاص/ترلی

aberto / fechado

غلى/لوړ غږ

baixo / alto

بډايه/غريب

rico / pobre

صحيح/غلط

certo / errado

زير/ملايم

áspero / liso

خفه/خوښ

triste / feliz

لنډ/اورد

curto / longo

سست/ګرندى

lento / rápido

لوند/وچ

molhado / seco

ګرم/يخ

ameno / fresco

جګړه/سوله

guerra / paz

0

صفر
....
zero

1

یو
....
um

2

دوه
....
dois

3

دری
....
três

4

څلور
....
quatro

5

پنځه
....
cinco

6

شپږ
....
seis

7

اوه
....
sete

8

اته
....
oito

9

نهه
....
nove

10

لس
....
dez

11

یولس
....
onze

12

سلود
doze

13

سلاريد
treze

14

سلاورڅ
quatorze

15

سلخنپ
quinze

16

سراپش
dezesseis

17

سلوو
dezessete

18

سلتا
dezoito

19

سلون
dezenove

20

لش
vinte

100

لس
cem

1.000

رز
mil

1.000.000

نويليم
milhão

انگلسي

inglês

امريكايي انگلسي

inglês americano

چينايي مندرين

chinês mandarim

هندي

hindi

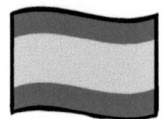

هسپانوي

espanhol

فرانسوي

francês

عربي

árabe

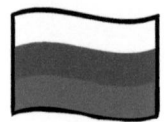

روسي

russo

پرتگالي

português

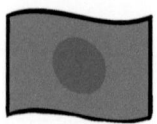

بنگالي

bengalês

آلماني

alemão

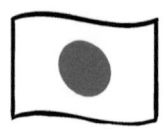

جاپاني

japonês

quem / o quê / como

ﺯﻩ

eu

ﺗﻪ

você

ﻫﻐﻪ/ﺩﻏﻪ/ﺩﺍ

ele / ela

ﻣﻮﮊ

nós

ﺗﺎﺳﻲ

vocês

ﺩﻭﻱ/ﺑﻐﻮﻱ

eles / elas

ﺉﻮﻙ؟

quem?

ﭼﻪ؟

O quê?

ﺉﻨﮕﻪ؟

como?

ﭼﻴﺮﻱ؟

onde?

ﻛﻠﻪ؟

Quando?

ﻧﻮﻡ

nome

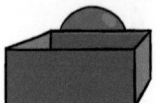

شاته
....
atrás

په
....
em

په مخه کي
....
na frente de

باندي
....
sobre

په
....
em cima

لاندي
....
debaixo

برسيره پر
....
do lado

ترمينځ
....
entre

ځای
....
lugar